L'ORACLE DES RUNES PROTECTRICES

DE LA MÊME AUTEURE

L'Oracle de la conscience animale, avec Benjamin Lepine, Good Mood Dealer, 2023.

Antidote magique, avec Ginger-T, Exergue, 2023.

Prières modernes, Contre-Dires, 2023.

Le petit Oracle de la Tatootherapy, Contre-Dires, 2023.

Dis-moi que tu m'aimes, avec Voglio Bene, Exergue, 2022.

Mon cahier d'éveil spirituel – Ancrage, Exergue, 2022.

L'Oracle de la Tatootherapy, Good Mood Dealer, 2021.

Textes et illustrations : © Sandytatoo.2.0.
Création maquette et mise en pages : Bénédicte Souffrant – PCA-CMB.

ISBN : 978-2-38578-016-6

www.editions-tredaniel.com
info@guytredaniel.fr
www.facebook.com/tredanieleso
@tredaniel_eso

SANDY TATOO.2.0

L'ORACLE DES RUNES PROTECTRICES

GOOD MOOD DEALER
By EXERGUE
27, rue des Grands-Augustins
75006 Paris

SOMMAIRE

LES CARTES

CONNAIS-TU LES RUNES NORDIQUES ?

D'OÙ PROVIENNENT-ELLES ET À QUOI SONT-ELLES DESTINÉES ?

Avec cet oracle, je vais te faire découvrir l'art divinatoire ancestral des runes nordiques, particulièrement axé sur des croyances divines et spirituelles, destiné à la protection et aux conseils bienveillants. Premièrement, un peu d'histoire : as-tu déjà entendu parler du Valhalla ?

Dans la mythologie nordique, le Valhalla est le lieu où les valeureux guerriers défunts sont amenés, et où tous les vivants souhaitent aller à la fin de leur existence. La croyance dit que le Valhalla est situé au sein même du royaume des dieux, et qu'il est bon de s'y rendre après la vie sur terre, afin de continuer son chemin d'âme en festoyant dans la joie avec tous ceux qui s'y trouvent, les dieux y compris !

De cet héritage sacré, l'écriture *futhark* (appelée de nos jours « runes nordiques ») a révélé son propre alphabet de communication. Les runes étaient utilisées selon les croyances des peuples nordiques de Suède, de Norvège, du Danemark, d'Islande et du Groenland, malgré certaines différences selon leurs provenances. Depuis toujours, elles ont pour mission de servir et de protéger, grâce à la puissance des symboles et des vibrations magiques qu'elles représentent.

AUJOURD'HUI ENCORE...

C'est un médium incontestable de magie, qui par la puissance de ses empreintes énergétiques active leurs intentions dans la matière. L'histoire nous conte toute la place et l'importance qu'elles méritaient, comme quand elles étaient gravées sur les boucliers des Vikings pour les protéger au combat, mais aussi sur des stèles, des sépultures, des drakkars, des habitations ou sur les berceaux des nouveau-nés de façon stratégique, dans l'espoir d'obtenir les faveurs les plus victorieuses des dieux pour l'avenir.

Associées entre elles, les runes faisaient office de formule magique très puissante et très respectée; c'est pour cela que cet oracle comportera 48 cartes et non seulement les 25 runes nordiques connues à ce jour. Les associations de symboles ont toutes été inspirées en *channeling*, une méditation connectée a été faite dans le respect des traditions nordiques et du choix d'un alignement énergétique volontaire fidèle à l'ésotérisme et aux croyances astrales communes. Cet oracle a été créé pour la première nouvelle lune calendaire zodiacale, dans l'unique intention de canaliser les meilleures énergies les plus pures et les messages les plus puissants possibles.

LES 25 RUNES NORDIQUES

Ces symboles idéogrammes sacrés des dieux utilisés dans l'écriture des Vikings et des peuples nordiques sont un outil d'interprétation et de communication servant à se connecter aux messages divins. Les oracles, les druides et druidesses celtes ont eux aussi été très inspirés par les runes nordiques ; c'est ainsi qu'ils ont créé leurs propres runes appelées ogham qui, si elles sont de même racine, restent néanmoins différentes et donc à ne pas confondre !

RUNES

OGHAM

Les runes ont d'autres correspondances que leurs seuls symboles. Par exemple, comme pour les signes astrologiques, des appartenances complémentaires, comme la couleur, l'animal, l'arbre, la pierre ou encore l'élément qui les représente plus précisément à titre individuel.

INTRODUCTION

Cet oracle est une réelle invitation à la découverte des runes, très ludique et incroyablement ergonomique dans sa lecture. Il est voué à la bienveillance et au développement facile de ton intuition, et surtout, il n'est pas un outil complexe nécessitant un don supérieur particulier pour être utilisé et être source de bénéfices ; non pas du tout, c'est bien tout le contraire !

L'oracle a pour vocation de donner sans compter une belle et vraie promesse à chacun – celle de pouvoir prendre confiance en son propre ressenti et en la singularité des messages transmis – en apportant des conseils protecteurs pour t'aider en toutes circonstances. Prends le temps de le découvrir carte après carte pour t'en imprégner, pour y mettre tes meilleures énergies aussi. Alors, en avant pour les tirages !

L'Oracle des runes protectrices sera ton nouvel outil pour répondre à tes questions dans tous les domaines de ta vie, afin de te rassurer et que tu te sentes protégé émotionnellement par les réponses que tu recevras des messages divins.

Les cartes sont ornementées des empreintes magiques des runes nordiques, ainsi que des associations « formules magiques » inspirées des énergies subtiles du Valhalla.

L'association du *channeling* actif en autohypnose et de l'art-thérapie m'a permis, en tant qu'artiste connectée et médium, de faire naître ce bel oracle, symbole authentique des valeureux combattants de la vie et amoureux du ciel.

Un oracle pour t'aider dans la recherche de l'équilibre de tes forces intérieures, pour établir avec justesse le dialogue entre ton corps, ton âme et ton esprit.

J'ai créé cet oracle comme un cadeau pour toi, afin de t'aider à surmonter les épreuves qui ont un impact dans ta vie au niveau émotionnel, et chaque interprétation est destinée à répondre à tes propres besoins.

Une réponse et un conseil à suivre, un véritable soin S.O.S. pour t'aider à aller mieux instantanément, et à remettre à leur juste place les vraies priorités de ton présent, celles qui te permettront d'y voir beaucoup plus clair dans tes émotions, quel que soit le domaine concerné… Que la force des Vikings soit avec toi !

COMMENT UTILISER *L'ORACLE DES RUNES PROTECTRICES* ?

Dis-toi merci à toi-même,
et dis merci pour tout !

Tu viens de recevoir un cadeau qui t'est entièrement dédié et, rien que pour ça, une petite reconnaissance pleine de gratitude sera la bienvenue. Dis merci avec ton cœur. Avant même de te lancer, prends le temps de prendre ton temps, savoure ton nouvel outil, parle-lui si tu en as envie (pourquoi pas !), demande à toutes les meilleures énergies de charger ton oracle des meilleures intentions, afin qu'il puisse t'apporter des réponses claires et guérisseuses dans l'instant où tu vas l'utiliser, quand tu en auras le plus besoin.

*Familiarise-toi avec chaque carte,
et connecte-toi à ton oracle.*

Adopte ton oracle en touchant rapidement toutes les cartes. Étale-les devant toi, regarde-les bien, et pose tes intentions personnelles : « Donnez-moi les bons messages, priez pour moi, entendez mes demandes, etc. »

Ensuite, rassemble toutes les cartes, pose-les contre ton cœur, ferme les yeux et imagine une lumière divine qui vient du ciel et s'éclaire en puissance au-dessus de ta tête. Fais-la ensuite descendre doucement dans ton corps jusqu'à ce qu'elle se concentre au niveau de ton cœur. Laisse la lumière t'investir de toute sa force, et cela jusqu'au creux de tes mains pour atteindre ton oracle… Voilà, ton oracle est maintenant connecté à toi seul.

C'est parti, pose ta question !

Cible ta demande de la façon la plus sincère possible, et dis aussi que tu souhaites recevoir un message de réponse clair et guérisseur. Si tu tires les cartes pour une autre personne, demande à celle-ci de penser fortement à sa demande, en la verbalisant mentalement en toute intimité.

« Les énergies subtiles entendent nos cœurs et nos maux, il n'est donc pas obligatoire de poser les questions à voix haute. »

Go ! go ! go ! mélange les cartes.

L'Oracle des runes protectrices se veut d'une utilisation extrêmement intuitive, donc pas de mélange ni de tirage particuliers, fais surtout comme tu le ressens. Il te suffira d'être clair avec la demande, pour ensuite décider seul du moment où tu dois arrêter de battre les cartes, et du moment de procéder à la coupe.

TIRAGE À TROIS CARTES

Le tirage de mes vraies priorités

Tu poses ta question, tu mélanges, tu coupes le paquet en trois tas, face des cartes vers toi. Ensuite, tu commences à lire, à interpréter les cartes et les symboles magiques de gauche à droite.

Généralement, la lecture donne une idée très précise du développement émotionnel de la personne. Avec le premier tas, ce sont les épreuves du passé, avec le deuxième tas, ce qui t'a fait souffrir ou te bloque dans le présent, et enfin le troisième tas, les points sur lesquels tu dois absolument insister pour te libérer et te permettre d'accueillir en lumière ton futur.

Les conseils et les messages des cartes sont une aide précieuse, ils aident chaque personne à se remettre dans son véritable confort émotionnel intime, et de façon immédiate. « Un ressenti d'amour infini pour le bonheur de tous ceux qui en bénéficient. »

TIRAGE D'UNE SEULE CARTE

Le tirage S.O.S., conseil de l'instant ou méditation active

Tu as besoin d'une réponse en urgence, d'un signe ou d'une source d'inspiration méditative ? Eh bien, ce tirage est fait pour ça ! Comme toujours, une question, une intention, le mélange des cartes, mais une seule coupe. La seule et unique carte que tu tires est celle sur laquelle tu dois méditer. Même si elle ne te plaît pas (en apparence, sur le moment), dis-toi que le hasard n'existe pas, et que, par conséquent, elle a du sens pour orienter ta réponse.

SIGNIFICATION DES CARTES

Ce livre répertorie par ordre de numérotation les significations des 48 symboles magiques, composés des 24 runes nordiques ancestrales, d'une rune blanche et de 23 empreintes de combinaisons « formules magiques » de protections divines reçues en canalisation médiumnique.

Il est très facile d'utilisation : il te suffit de te rendre à la page correspondant à la carte que tu as tirée et de lire le message.

Si tu veux apprendre plus vite les significations et, pourquoi pas, ne plus avoir besoin du livre, va directement sur les mots repères représentés par des boussoles de chaque carte.

Avec peu d'effort et beaucoup de plaisir, tu pourras retenir le sens global de l'interprétation des symboles, ainsi que l'association des cartes entre elles.

Voilà, maintenant que tu sais comment faire, tu te fais confiance, tu prends du plaisir et en avant pour l'action, car les messages sacrés du Valhalla n'attendent que toi !

Bon tirage à toi, que les énergies du ciel t'éclaircissent de réponses et que le meilleur t'accompagne !

LES CARTES

1

FEHU

COMMENCEMENT • RENOUVEAU
ABONDANCE • NAISSANCE • ACTION

Rune de l'abondance en masse et rien que de l'abondance ! C'est ici, avec ce symbole, le commencement de tout, la résurrection de l'amour, la renaissance, là où tout prend vie et se met en action. Des rentrées d'argent, des réponses positives, la réussite à des examens et les rémissions de maladie ; c'est la fin des malheurs et le début de la fraîcheur, c'est aussi l'ancrage et la longévité dans les amours. Tel un arbre enraciné à la terre, tu seras inébranlable et soutenu par les dieux du ciel avec l'énergie de cette rune. Tout ce que tu sèmeras, tu le récolteras ! Cette rune annule la négativité des cartes voisines dans un tirage. C'est une affirmation absolue si la question demande une réponse par oui ou non… C'est donc un grand OUI !

2

URUZ

FORCE • SAGESSE • ENSEIGNEMENT
DESTINÉE • MAGIE

Rune du symbole de la force à l'état pur, elle représente tes fondations les plus nobles, tes solidités et tout ton capital puissance. Quand cette rune ressort lors d'un tirage, c'est qu'il faut prendre en compte que tu n'es pas suffisamment conscient de cette puissance, et que si tu t'autorises à laisser revenir cette force au premier plan de ta vie, et ce grâce à ta fierté retrouvée et à l'appréciation de sa juste valeur, tu pourrais arrêter de subir certaines pressions venant de l'extérieur. Crois en toi et en tes plus belles forces, sans jamais laisser quiconque te détourner de cette réalité. Le sport et les efforts physiques sont aussi ici représentés, pour te rappeler l'hygiène de vie et l'importance de ta santé corporelle, « une tête bien pleine et un corps bien fait pour aller loin ».

3

THURIAZ

CHOIX • PASSION • VICTOIRE
ÉVÉNEMENT • BOULEVERSEMENT

Avec cette rune, c'est l'annonce de bouleversements à prévoir, s'ils ne sont pas déjà en cours. Un événement décisif impliquera que tu choisisses entre la voie de la sagesse et celle de la guerre. Ce symbole est une arme à double tranchant qui peut construire ou détruire, mais qui ne sera actionnée que par toi. C'est aussi la part de divinité qui est en nous, celle du bien et du mal, cela signifie qu'il va falloir que tu gardes ton sang-froid, si tu ne veux pas perdre de plumes ou causer du tort. Ne cède pas non plus à l'abus de pouvoir, ou au sentiment de supériorité ; respecte toujours l'adversaire, ainsi tu remporteras la victoire et la réussite pour de vrai.

4

ANSUZ

CONSCIENCE • COMMUNICATION SOURCE • INTUITION • SPIRITUALITÉ

Symbole catalyseur de la source divine entre toi et les mondes supérieurs, c'est une opportunité d'apprentissage supplémentaire, une formation ou une spécialisation de tes savoirs qui doit être envisagée de nouveau dans ta vie, pour évoluer encore ou changer de cap, comme de travail par exemple. Ta conscience a besoin d'être nourrie de ressentis, d'émotions singulières et tangibles. Si tu avais l'impression de « t'encroûter » quelque part depuis un certain temps, il se trouve que ta nature humaine va très rapidement t'orienter sur des actions et des choix porteurs pour modifier cela : bravo, c'est une excellente initiative !

5

RAIDHO

PROGRESSION • RÉALISATION • DESTIN BON CHEMIN • VOIE À SUIVRE

Comme une clé déterminante pour ton avenir, tu pourras, si tu le souhaites vraiment, t'ouvrir à de nouveaux possibles avec cette rune, comme avec un nouveau contrat, une possibilité de progresser et d'avancer dans un projet, immobilisé jusqu'ici par manque d'élan empêchant d'aller de l'avant, peut-être même par manque d'envie tout simplement. Tes relations « conflictuelles » retrouveront la paix dans ton cœur, ce qui veut dire qu'une réconciliation et un nouveau départ sont envisageables, un déménagement aussi peut être une solution pour changer d'air, tout comme un voyage, une acceptation de mutation ou de changement de poste de travail pour revenir sur le bon chemin et repartir du bon pied, bien motivé.

6

KENAZ

ART • PASSION • DÉSIR • SEXUALITÉ FÉCONDITÉ • ACCOUPLEMENT

Rune symbole de la beauté et des artistes absolus, elle représente la création, les arts, l'enthousiasme et les désirs d'accouplement ou sexuels, par exemple. Cette énergie t'apportera beaucoup de fécondité, elle mettra de l'importance et de la volonté à te convaincre de croire en toi, et à t'emmener sur la route royale des beautés de ce monde. La sexualité est rappelée ici par la magie qu'elle apporte au corps physique et aux émotions intenses, vitales à chacun qui la vit de manière épanouie et assouvie, loin du côté moraliste de certaines vieilles croyances religieuses ou éthiques. La fécondation est envisageable dans tous les domaines, projet de bébé y compris !

7

GEBO

COMPASSION • PARTAGE • COURAGE
DÉVOUEMENT • INTERACTION

Rune du dévouement. Il ne faut pas avoir peur de t'exprimer et de dire ce que tu ne veux plus faire ou subir, surtout en cette période de ta vie. Il faut apprendre à exprimer les choses dans la mesure et le temps impartis pour le faire. Beaucoup trop de dons et de dévouement pour les autres, par rapport à la contrepartie que cela te rapporte. Que tu veuilles donner sans compter à ceux qui en ont besoin, OUI, mais que tu leur donnes ce que tu n'as pas ou ce dont tu manques toi-même, NON. Symboliquement, on te demande ici de te préserver, et de ne plus donner sans compter, car toi aussi tu as des limites et elles sont à respecter !

8

WUNJO

HARMONIE • JOIE • LIEN • SYNERGIE
ENTRAIDE • BONHEUR

Une rune qui vient te questionner et te dire ceci : « Et si tu profitais un peu plus de ton bonheur ? » Tu as besoin de « communier et de partager » avec les êtres chers à ton cœur, presque de façon vitale ; l'harmonie et la synergie seront tes priorités. Si tu te sens loin d'eux, un peu triste aussi ou seul parfois, va vers les autres et ils t'apporteront beaucoup de soutien, d'affection, d'écoute et de compassion pour nourrir ton moral et le regonfler d'amour. Tu seras instantanément plus heureux. Ce symbole veut te voir bouger pour activer des actions qui changeront ton état d'esprit, pour éviter le spleen et la mélancolie : en résumé, les dieux eux aussi veulent te voir plus heureux !

9

HAGALAZ

NEUTRALITÉ • ÉQUILIBRE • ÉVOLUTION
FAIRE LE POINT • TRANSFORMATION

« Ni bon ni mauvais, ni plus ni moins, ni gentil ni méchant » : comme le ying et le yang, l'équilibre ici pour toi se résume à « être et juste à être ». Il n'y a rien à engager de vital ou d'obligatoire avec la signification de ce symbole, c'est d'ailleurs plutôt un temps de pause pour faire le point, transformer certaines choses tranquillement, pour, dans un second temps, évoluer et s'engager entièrement dans un projet, une relation, une décision de façon officielle et déterminée. Mais jusque-là, tu n'as rien de spécial à faire, juste à être et vivre en toute simplicité ! C'est une rune qui absorbe « l'aspect négatif » dans un tirage avec des cartes aux messages plus durs.

10

NAUDHIZ

CONTRAINTE • SACRIFICES • RETARD
DIFFICULTÉ • BLOCAGE.

Angoisse, appréhension, peur et stress par anticipation : voilà le programme, si tu continues à aller dans la mauvaise direction. Ce symbole veut t'aider, il t'encourage à te réveiller et à ouvrir les yeux sur ton histoire personnelle, tes blocages et tes contrariétés pour débloquer ta vie, et à redéfinir « enfin » un regard nouveau sur ta situation. Il faut toujours accepter la possibilité d'avoir eu tort, de t'être trompé ou d'avoir été trop loin avec une personne, par exemple. Il faut que tu laisses plus de temps pour voir venir les bonnes solutions, ainsi tu feras taire la partie sombre et l'impression de sacrifice ou d'être une victime que tu ressens parfois, le pardon est aussi ici le bienvenu pour aller encore plus vite vers une amélioration.

11

ISA

DROITURE • AUTORITÉ
INDÉPENDANCE • PRAGMATISME • EGO

« La tête avant le cœur », beaucoup de mental et d'autorité sont ici représentés. La droiture, l'éducation, l'ego et le pragmatisme seront tes meilleurs alliés, même s'il faut reconnaître qu'ils ne sont pas forcément très « fun ». Tu as besoin cependant de mettre en œuvre tous ces outils, pour mener à bien un projet ou un but à atteindre. Tu dois coûte que coûte rester fidèle à cette ligne de conduite, si tu veux atteindre tes objectifs. Si, par moments, tu trouves justement le temps long, rappelle-toi ton objectif, ne le quitte surtout pas des yeux. Une bonne gestion et une bonne organisation de ton travail et de ton temps porteront les fruits du succès, mais malheureusement aussi de la fatigue, alors ménage-toi un minimum ! Une planification aussi de tes temps « calmes » sera obligatoire pour que tu assures jusqu'au but.

12

JERA

CYCLE • SAISON • PURIFICATION
ÉPANOUISSEMENT • PAIX

Rune de purification et d'un nouveau cycle en perspective. Aller de l'avant, croître et s'épanouir pleinement, voilà un joli programme d'existence avec ce symbole, qui signifie que tu peux te relever au monde sans quelque crainte que ce soit, surtout dans les domaines sociaux et sentimentaux. Vibration qui ne comporte rien de négatif, cette rune représente « l'étincelle » qui embrase les grands feux réconfortants. Sortie lors d'un tirage concernant des problématiques, elle symbolisera une fin victorieuse ou une solution miracle pour se sortir d'affaire. Associée avec la rune WAZUD (voir son message), elle prépare aussi à l'annonce de la mort physique d'une personne malade, dont la venue est déjà actée par les cieux.

13

EIHWAZ

CASSURE • RECONSTRUCTION
ENDURANCE • FORCE INTÉRIEURE
DISTANCE

Avec ce symbole, on stoppe les hémorragies ! On casse avec tout ce qui ne peut plus durer et qui n'est plus viable. C'est un peu comme être sur un pont, entre la vie et la mort, et qu'au milieu de ce pont on te demande, sujet après sujet, de choisir de quel côté tu souhaites te positionner. Initiation obligatoire de toi-même pour une nouvelle réalité de ton existence, mais plus profondément encore pour aller à la découverte de toi-même, et te délester des souffrances inutiles. Fais-toi beaucoup plus confiance, n'écoute surtout pas ta peur et la reconstruction sera possible et durable. Cette cassure de rythme va te demander une introspection et de l'endurance, mais elle t'enverra en retour beaucoup de résultats positifs, afin de te récompenser de tes efforts.

14

PERTHRO

CHOIX • DÉCISION • NOUVEAUTÉ
INSPIRATION • KARMA

Si tu veux fonder et changer les choses pour apporter de la nouveauté dans ta vie, c'est maintenant que ça se passe ! Tu es au bon endroit et c'est le bon moment de ton chemin de vie, d'après avec ce symbole. Tu es même déjà sur la nouvelle route de ton destin, mais tu as peut-être encore des doutes. Pourtant, tu peux et tu dois te mettre en action sans plus attendre, prendre toutes les décisions qui résonnent en toi, sans envisager systématiquement le scénario catastrophe qui pourrait arriver. Une belle tranche de vie se propose à toi, maintenant il te faut signer ce nouveau contrat d'âme et en déterminer les nouvelles clauses. C'est aussi le moment de laisser au passé ce que tu ne veux plus dans ta vie d'aujourd'hui.

15

ELHAZ

PROTECTION • VICTOIRE • RÉUSSITE BÉNÉDICTION • ANGE GARDIEN

Rune de la victoire et de la protection totale, elle te permet de compter positivement sur les engagements et les batailles que tu t'apprêtes à mener. Tu devras t'appuyer uniquement sur tes principes et ta morale, pour sortir glorieux en toutes circonstances. Tu ressentiras le besoin d'être « prioritaire » voire un peu égoïste, il se peut même que l'on te reproche de ne pas assez te dévoiler, ou de ne pas assez participer avec les autres : ne te culpabilise pas ! Justement, c'est une période obligatoire pour te sentir plus protégé de toi-même, te reconnecter à ta confiance et en ressortir plus fort, plus vaillant et plus soutenu par le ciel que jamais ; ce qui pourra faire de toi une personne suffisamment solide pour aider au moment venu une personne ou une action qui en aura besoin.

16

SOWILO

SOLEIL • ÉCLAIRCIE • ÉNERGIE
SPONTANÉITÉ • MAÎTRISE DE SOI

La confiance et l'espoir que tu as mis dans le retour d'une lumière éclaircissante dans ta vie, promue à te faire vivre des jours meilleurs, sont enfin de retour ! Ta volonté et tes croyances positives de toujours ont aussi participé à ramener à toi une nouvelle énergie bien plus solaire que celles dans lesquelles tu te trouvais dernièrement. Si tu ressens encore une certaine obligation de maîtrise de toi-même qui te freine, n'hésite pas à te diriger vers des médiums plus créatifs et plus spontanés, ou une psychothérapie pour en finir avec les dernières adhérences du passé. Cette rune symbolise la lumière dans la vie et l'existence.

17

TIWAZ

MASCULIN • JUSTICE • CONQUÊTE
RESPONSABILITÉ • COMBAT

Cette rune indique que tu es un véritable conquérant dans tous les domaines quand tu le veux singulièrement. Tu sais jouer avec tous tes talents, tu ne manques pas non plus de malice et tu fais preuve d'autorité quand il le faut. Continue d'agir avec cette philosophie d'être et de devenir. Il se peut que tu t'essouffles parfois, ce qui est normal avec la routine, car cela demande beaucoup d'endurance d'être toujours au front de la vie. Certes, ta fatigue générale peut être en ce moment plus présente, mais elle n'amputera pas la récolte des plus belles récompenses que tu mérites par ton ouvrage quotidien. L'univers est fier des volontaires de la vie tels que toi.

18

BERKANO

FÉMININ • CROISSANCE • FIDÉLITÉ
SECRET • FRANCHISE

Les secrets bien gardés dans le souterrain de ton âme doivent maintenant sortir en urgence de l'ombre. Il te faut être à présent plus franc et plus direct dans tes rapports aux autres, sans avoir, par peur ou souci de déplaire, à déguiser ta personne avec un personnage, qui te suffit ou ne te convient plus. Comme il n'est pas acceptable qu'une femme enceinte se maltraite, en prétextant qu'elle ne fait pas de mal à son bébé. La solution et le conseil seront : « Aime-toi bien plus fort que n'importe qui, et n'attends pas que l'amour que tu souhaites recevoir vienne d'une autre personne que toi-même », tu anéantiras ainsi et à tout jamais tes idées noires et tes malheurs existentiels.

19

EIHAWZ

MOUVEMENT • ÂME SŒUR • RAPIDITÉ
UNION • DUO

Tu peux compter sur l'univers pour trouver ton âme sœur, la pièce manquante, la réponse à ta question. Il y a une union qui se profile à l'horizon, une connexion, une rencontre, une association ou une collaboration qui va rapidement fusionner, et tu es l'une des deux parties en jeu. Sache que même si l'inconnu est bien présent au départ, cela ne veut pas dire qu'il y aura du danger. Dans cette interprétation du symbole de cette rune, c'est plutôt un message motivant qui te pousse à découvrir un ou une autre de tout son être, sans peur de la tromperie ou de la douleur. Ne reste pas sur l'idée de garder tes distances, ni d'être sur la défensive, il n'y a d'ailleurs aucun intérêt favorable ou défavorable de ce côté-là.

20

MANNAZ

PERCEPTION • INTELLIGENCE • RÊVE
IMAGINAIRE • CAPACITÉS

La perfection est incarnée ici par le symbole de cette rune, née de la fusion entre deux parties : celle d'une réelle intelligence du cœur et celle de l'esprit qui, en parfaite synergie, peuvent ensemble t'offrir des inspirations concrètes, où tout peut devenir possible dans le meilleur des mondes, quelles que soient les épreuves à venir. C'est beaucoup de chance et de protection aussi, ainsi que l'opportunité incroyable de faire passer tes rêves dans la matière, et dans toute la réalité de ta vie. Ton évolution actuelle dépend du dialogue invisible de ton conscient et de ton inconscient, alors laisse-toi guider sans te mettre de pression, car tout se passe comme il se doit. L'imagination et les idées vont fuser dans tous les sens, note-les bien quelque part pour ne pas les oublier.

21

LAGUZ

INITIATION • SOURCE
LÂCHER-PRISE • VITALITÉ

Une initiation de conscience « de la naissance de la vie, jusqu'à la mort physique » ; on parle ici de fatalité et de destin, mais aussi des équipements dont tu es doté pour ton existence terrestre. Tu as très certainement des capacités extrasensorielles à exploiter, comme le don de la clairvoyance et du magnétisme curatif ; ce sont des outils idéaux à approfondir ou découvrir, selon ton degré d'avancement en la matière. Ne sois pas surpris si jusqu'à présent tu ne t'en préoccupais pas plus que ça, l'heure n'était tout simplement pas venue de t'y intéresser. D'une autre façon, ce peut être aussi le signe de ta guérison personnelle ; dans ce cas, dirige-toi vers ce type de méthode et de médecine douce parallèles.

22

INGWAZ

FÉCONDITÉ • PATIENCE • GESTATION CONSOLIDATION • CHEMINEMENT

L'énergie de toute la vie est dans ce symbole ! Fertilité et création de toutes choses, c'est aussi le mâle représenté par le ciel, qui féconde la femelle représentée par la terre pour procréer ensemble, c'est aussi l'éclosion et la naissance de toutes choses. Rune riche de puissance et de pouvoir pour le cheminement personnel, elle doit par son message te rassurer et t'assurer que toutes les épreuves de vie qui t'arrivent font partie de la normalité et du destin déjà écrit. Crois sans retenue à tous tes futurs succès et à toutes tes réussites à venir.

23

DAGAZ

PAUSE • ATTENTE • CONFIANCE
PATIENCE • MÉDITATION

Au-dessus des nuages, le temps n'existe pas comme tu le connais en tant qu'humain. Ce symbole veut que tu apprécies et acceptes un temps de pause, histoire de te montrer une autre façon de consommer ton temps. Le conseil précieux ici est de rester patient et de garder confiance en la magie de la vie, qui sait comment et quand elle doit venir à toi et rien que pour toi. Profite de cette suspension de rythme pour méditer et apprécier les bons côtés de la tempérance. Laisse aux autres le droit de se torturer seuls, sans que tu sois le souffre-douleur, ni l'éponge de leurs émotions ; il en va de ta propre liberté. En résumé, laisse passer les orages, car le soleil arrive juste après.

24

OTHALAZ

RACINE • BOUCLIER • ANCÊTRE
FAMILLE • HÉRITAGE DIVIN

Ton héritage karmique et généalogique aura de l'importance dans tes projets et tes prises de décision. Tu seras aussi protégé, comme par un bouclier occulte de défense qui te servira d'arme lumineuse – arme magique venant directement de tes ancêtres, tel un cadeau d'amour. Les anciens t'aideront à faire aboutir tous tes accomplissements. La raison de leur retour en force, c'est qu'il y a autour de toi de faux amis plus jaloux que bienveillants, alors prends de la distance dans les conseils que l'on te donnera, et garde pour toi le facteur chance qui ne doit pas être abîmé… Pour vivre heureux, parfois, il faut se cacher.

25

BLANCHE OU SANS NOM

JOKER • LA QUESTION N'A PAS ENCORE DE RÉPONSE DÉFINITIVE

Tu ne dois surtout pas interpréter «négativement» la venue de cette carte dans un tirage à une seule question; elle indique plutôt que la réponse doit être posée plus tard, idéalement après vingt-quatre heures. Si elle ressort une seconde fois, recommence une troisième fois, et si là encore elle ressort, tu ne devras plus poser la même question avant au moins un mois.

26

WUNSORA

INTUITION • BOUCLIER • PROTECTION
SÉRÉNITÉ • CHANCE

Symbole de la protection divine par excellence, cette rune représente la réussite proche dans tous les domaines dans lesquels tu choisiras d'œuvrer. Va sans crainte et vaillamment assouvir tous tes rêves les plus fous, lance-toi sans plus attendre dans un hobby ou une activité qui n'aura aucun lien avec ton quotidien. Tu seras de toute façon définitivement protégé de toutes les sources négatives, qu'elles soient directes ou indirectes, de tous les problèmes et de tous les doutes. Fie-toi uniquement à tes propres intuitions et agis avec ton instinct, sans te compromettre.

27

NAGELMA

STABILITÉ • CONSTRUCTION
RECHERCHES • ÉTUDES • MENTAL

Rune symbole du grand retour de ta stabilité et de la confiance, c'est un message qui arrive de façon bien méritée. Tu peux à présent et en toute sécurité suivre le cours des événements de ta vie, reprendre ton propre rythme car le travail et les efforts que tu as fournis et mis en place sont maintenant sûrs et solides… Relâche la pression et ne te préoccupe plus des détails superflus. Tu es déjà passé à autre chose, un nouveau chapitre tout beau, tout blanc est à écrire, comme tu aimes le rêver.

28

LAGERTSO

ENFANT INTÉRIEUR • JOUVENCE ÉTERNELLE
CŒUR • AUTHENTICITÉ • PURETÉ

Toc! toc! es-tu là? Ne fais surtout pas l'erreur de t'éloigner de la sensibilité de ton enfant intérieur, et de croire naïvement que tu pourras anesthésier les émotions de ton cœur. Au contraire, ici, le symbole et son message sont justement là pour insister et te pousser à mettre en lumière les émotions de ta propre source, de ton jardin secret, de tes désirs de toujours, ainsi que ceux de ton âme. La volonté de cette signification n'est ici transmise QUE pour t'aider à te défendre de toi-même par tous les moyens, pour ne pas que tu fasses l'erreur de t'éloigner et risques de perdre cette liberté d'être qui est la tienne.

29

THUNAUDI

BOULEVERSEMENT • PERTURBATION
CONTRAINTE • DÉCISION • ENDURANCE

Symbole de *warning* par excellence, il est à prendre au sérieux et sans attendre. Mets-toi dans un état d'esprit de fonceur et plus rien ne te fera peur, même ce qui peut te paraître par moments mentalement insurmontable. Réorganise tes vraies priorités de vie rapidement, car des décisions impératives arrivent à grand pas. Du tri, du rangement, de la déconstruction et de la résilience seront nécessaires pour anticiper ton futur proche avec beaucoup plus de calme. Tu manqueras de temps et de forces, alors n'en perds pas plus à te lamenter ; au contraire, lève la tête et regarde plus loin, bien après les obstacles qui ne dureront pas, c'est simplement un épisode plus complexe de vie, rien de plus, sois fort !

30

RAIDEPERT

AVANCEMENT • PROMOTION
ASSOCIATION • INFLUENCE • ENTRAIDE

Ce symbole est un cadeau de ton destin, il t'offre des surprises pour toi seul, et d'autres à partager à plusieurs. Une invitation à l'entraide, au projet commun, à une promotion d'évolution et à des avancements possibles grâce à la confiance et au partage du savoir et des connaissances. C'est une empreinte tangible de très belles énergies prospères dans l'avenir proche, idéale pour la concrétisation sur le long terme d'une collaboration, d'une nouvelle relation sentimentale, amicale ou professionnelle.

31

SOWBEREI

MAÎTRISE • LONGÉVITÉ • ENDURANCE
RETRAIT • RESPECT DE SOI

Ce symbole fort pour l'endurance t'annonce que tu vas avoir besoin de te rassembler et de maîtriser tes engagements par tous les moyens, car tu vas être rapidement sollicité de tous les côtés, et tu ne pourras pas trouver ton propre rythme si tu n'apprends pas plus vite à dire NON, ou à refuser parfois de prendre part à quelque chose. Tu ne dois pas avoir peur de battre en retraite un temps nécessaire pour reprendre tes forces ; au contraire, en te respectant de cette sorte, tu t'assureras la longévité et l'endurance dont tu as tant besoin dans toutes tes entreprises et tous tes combats de cœur, pour en ressortir vainqueur. Préserve-toi !

32

THUSOFE

ANCRAGE • RENAISSANCE • SOCLE
MODÈLE • EXEMPLE

Pour partir du bon pied, il te faudra déjà t'assurer d'avoir un appui solide ! Ce symbole représente une renaissance obligatoire, une phase de déconstruction nécessaire pour que tu puisses prétendre construire à nouveau un socle de vie suffisamment solide et costaud pour accueillir ton avenir. Il faut revoir toutes tes bases, trier et jeter l'ancien qui ne te sert plus à rien, si tu veux vraiment faire de la place et poser toutes tes envies de toujours. « On ne refait pas toujours du neuf avec du vieux » : accepte-le simplement.

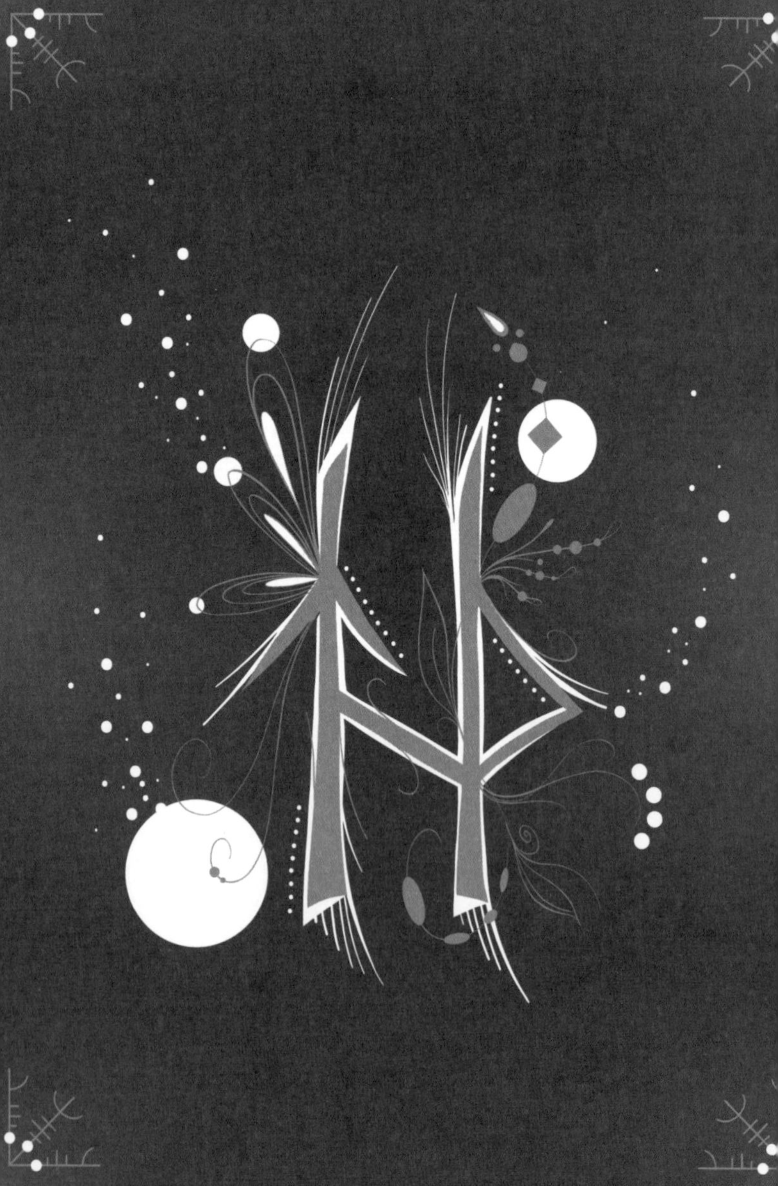

33

TIWUNG

CHANCE • RÉCONCILIATIONS • TRÊVE
TRANSFORMATION • PAIX

Un retour lumineux imminent arrive sur ta vie, pour ton plus grand bien ! Toutes les énergies néfastes de ton passé vont rapidement se dissiper. Les désaccords, les discordes et autres disputes laisseront leur place aux grandes joies des réconciliations et aux liens renoués, surtout si cela concerne le domaine sentimental, émotionnel et familial. À cet instant, on te demande de ne plus regarder les erreurs de ton passé avec autant de mépris, d'arrêter de revenir sur les mêmes sujets, et de mettre plutôt ton énergie à l'œuvre pour transformer l'essai et marquer le point victorieux de la paix pour tous. Écoute l'intelligence de ton cœur, et fais taire tes rancunes.

34

ISAMANE

ÂME • CORPS • CONSCIENCE
CONNEXION • LIGNE GUIDE

C'est ici, avec ce symbole, que toute la réalité d'une prise de conscience importante doit être entendue entre le dialogue et l'écoute de ton âme. Ligne guide de l'âme, ta conscience est là pour t'accompagner avec toute sa bienveillance et son savoir karmique. Toutes tes vies antérieures et les annales akashiques participent elles aussi à t'apporter des indices, pour t'emmener vers la voie de ta sagesse intérieure, même si tu n'entends pas avec tes oreilles. Connecte-toi à ta conscience pour recevoir les guérisons de tous tes corps (physique et astral), ainsi que les messages de guidance pour recevoir toute la divinité de l'univers que tu mérites.

35

EIHKENATHU

FOLIE • AUDACE • ENTHOUSIASME
PRÉSENT • PULSION

Vivre à fond ici et maintenant, t'épanouir et jouir de tout ! Voilà exactement le symbole et son message le plus juste qui soit pour te montrer la voie de la joie absolue. Pulsion, spontanéité et enthousiasme consommés, la seule recette miracle à mettre au premier plan de ta vie, si tu veux te couper de ta routine et de la banalité de ton quotidien. N'aie pas peur d'user de folie et d'audace dans tous les domaines, quitte à paraître superficiel ou léger car ça n'a aucune importance. Non seulement tu es protégé pour consommer sans modération ce super courant énergétique, mais en plus tu y trouveras de belles surprises, comme une rencontre imprévue, ou le coup de foudre amoureux de tes rêves !

36

JERAIKEN

PURIFICATION • CRÉATIVITÉ
RÉALISATION • RETOUR • NOUVEAU CAP

Quand tu ne sais plus où tu vas, n'aie pas peur de revenir sur tes pas ! Le conseil le plus rapide et efficace est : retourne à l'endroit où tout a basculé dans la mauvaise direction. Avec un travail d'acceptation, une vision plus haute de la situation et l'aide complémentaire d'une purification intérieure physique et mentale (comme une méditation par exemple), tu pourras facilement faire les choses autrement et avec une nouvelle créativité. Tu pourras aussi t'essayer à de nouvelles idées et t'offrir ainsi la liberté de quitter un point d'ancrage dont tu ne veux plus, et mettre le cap sur une nouvelle destination plus prometteuse dans tous les domaines de ton choix.

37

BERGEBERA

MATURITÉ • MÉTAMORPHOSE
ÉPANOUISSEMENT • ÊTRE • HUMANITÉ

La chenille devient enfin papillon ! Tu arrives au début d'une nouvelle marche de ton « évolution humaine », bien plus profonde qu'une maturité naturelle, c'est là le processus bien engagé d'une véritable métamorphose. L'essentiel, à cet instant de ta vie, est d'accueillir cet épanouissement avec joie et plaisir, bien avant ses aspects plus durs, tels que la vieillesse, les responsabilités ou les obligations. Non, bien au contraire, c'est aussi plus de liberté et de connaissance, pour jouir davantage et mieux de ta vie. Il n'est pas exclu que cette période te donne l'envie de goûter à la vie de façon très différente, ne t'en prive surtout pas !

38

AZISANZ

VŒUX • GUÉRISON • PRIÈRE
INTENTION • AMÉLIORATION

Est venue l'heure de formuler tes vœux, de demander à l'univers d'entendre toutes tes prières. Ne sous-estime jamais le pouvoir de l'intention et de l'invisible. Il n'y a que ceux qui demandent qui reçoivent, comme il n'y a que ceux qui agissent qui provoquent la chance et obtiennent les faveurs des dieux du ciel. Ce symbole veut que tu n'attendes plus d'être sincère envers toi-même, et que tu dialogues franchement avec les énergies supérieures, comme avec tes guides de lumière, par exemple. Pose très clairement tes souhaits afin de guérir intérieurement et de recevoir l'abondance dans ta vie ; une amélioration magique de façon générale et hautement positive se fera sans attendre.

39

OTHURUB

PERSÉVÉRANCE • ENSEIGNEMENT
HÉRITAGE • CONCENTRATION • DÉTAILS

Ce symbole est un rappel à l'ordre de l'importance de la transmission, des valeurs et de l'héritage karmique et généalogique. Il en va aussi du devoir de mémoire, de la fierté et du respect de soi. Tu dois ici faire confiance à la lumière et à la bienveillance de tes ancêtres et de leurs histoires de vie heureuses, chanceuses, mauvaises ou dramatiques. Cet héritage se doit d'être à présent, pour toi, le cadre fiable de tes repères ancestraux, alors concentre-toi sur le sens positif de cette transmission, bien loin d'être inutile.

Pour te protéger d'éventuelles erreurs ou complications existentielles, tu dois te servir des histoires négatives de tes ancêtres, pour justement les reconnaître quand elles se présenteront dans ta vie, t'en éloigner rapidement.

40

GEBIHTI

MUTISME • FERMETURE • DISPARITION
PERTE • STÉRILITÉ

Il faut sortir par tous les moyens d'une situation sans débouchés, sans dialogue, sans négociations possibles ni avancée positive. Tu devras accepter les décisions imposées du moment, même si elles ne conviennent pas. Une période peu productive – pour ne pas dire stérile – s'annonce, les projets et les relations amoureuses devront être consolidés, éclaircis et actés, pour éviter les pertes et pouvoir prétendre avec espoir devenir viables, féconds et prospères. Clairement, tu n'es pas en position de leader aujourd'hui, attends ton tour avec patience et bon sens, tout ce que tu mérites reviendra à toi.

41

ANDAGO

FOI • INSTINCT • VÉRITÉ
COMMUNION • DIVINITÉ

Fais corps avec ta foi la plus pure et la plus juste, écoute ton instinct quand il refuse de te faire ou de te dire quelque chose, constate le mal qui en ressort à chaque fois que tu lui désobéis ; il te prouve que tu as tort de ne pas te faire confiance. Ce symbole représente la vérité absolue pour soi et envers soi, avec lui on élimine les faux-semblants, les mensonges, les mascarades et les non-dits, on démasque les imposteurs et on les éloigne de notre bonheur. Surtout, ne te mens pas, ni à toi, ni aux autres, si tu veux éviter des complications. Parle, exprime et impose ta position à chaque fois que tu le dois et que tu le ressens.

42

ELOADIZ

ÉPREUVE • MORALE • RIGUEUR
SACRIFICE • OBLIGATIONS

La vie n'est pas toujours un long fleuve tranquille, il n'est jamais simple ni facile de vivre certaines épreuves, d'autant plus si elles ne nous concernent pas directement mais que nous sommes quand même impliqués. Ici, il s'agit surtout d'accepter le second rôle, d'être uniquement « une épaule », « une aide » ou encore « juste une présence ». Certaines obligations et responsabilités demandent beaucoup d'efforts, voire des sacrifices. Ne culpabilise pas pour rien car, si c'est ce qui t'est demandé, cela veut dire que tu es néanmoins à ta juste place. Sois dans l'acceptation et la résilience, au lieu d'alourdir ta tête et tes épaules par le constat de ton impuissance apparente. N'hésite pas à ton tour à demander de l'aide, si tu en ressens le besoin.

43

URIGUNJO

COHÉSION • ALIGNEMENT • ÉLAN DYNAMIQUE • DÉMARRAGE

Adieu les starting-blocks immobilisateurs, bonjour le top départ pour aller droit au bonheur ! Te voilà enfin prêt pour surfer sur une magnifique vague de bonnes énergies et d'abondance dans tous les domaines, surtout vis-à-vis de toi. Les situations bloquées et freinées de ton passé proche ne seront plus que de l'histoire ancienne. Une belle période pour retrouver le goût de la cohésion et des liens sociaux. Sors, va voir du monde, profite des tiens sans avoir besoin d'un prétexte. On peut dire de toi que tu es reboosté à bloc, ce qui te donnera une apparence nouvelle et encore plus séduisante ; toutes les planètes s'alignent pour toi, alors fais-leur honneur.

44

INGURIKA

INATTENDU • ÉVÉNEMENT • FÊTE
SURPRISE • OFFICIALISATION

Des événements nouveaux surviennent pour être fêtés dans la joie, avec des cérémonies et de bonnes nouvelles, dans un état d'esprit d'annonciation et d'accueil solennel. Une sorte de bouleversement positif, très certainement imprévu, mais fortement apprécié. Il s'ensuivra dans tous les cas, quel que soit le domaine concerné, une nouvelle à officialiser, révélée au grand jour, pour ton plus grand bonheur. Mariage, grossesse, naissance, évolution, déménagement, promotion ; à la clé, une surprise très agréable, un super cadeau pour toi, inattendu et venant du ciel.

45

WAZUD

CONSEIL • URGENCE • ACTION
COMMANDEMENT

Tu vas être au cœur d'une urgence et c'est toi seul qui auras la responsabilité de prendre le commandement et les décisions de cette situation imprévue. Tu devras aussi faire un choix radical qui te semblera forcé et précipité mais, ne t'inquiète pas, tu pourras faire confiance à ton intuition et ton instinct même si tu es seul dans l'action à mener. N'aie aucune crainte, car les guides de lumière du Valhalla veilleront sur toi. Rappelle-toi qu'aucune épreuve n'est insurmontable si elle nous est destinée. Assure-toi de bien prendre les rênes de ta vie en main, ainsi tu n'auras rien à te reprocher, ni jugement, ni remords, ni regret.

46

MANKED

APPRENTISSAGE • EXPÉRIENCE • SAVOIRS
INVESTISSEMENT • INCORPORATION

Te voilà inspiré par de nouvelles connaissances très enrichissantes pour ton avenir, accepte toutes les opportunités de formation, de voyage, de découverte et d'évolution professionnelle. Depuis la nuit des temps, l'humain est avide d'expériences, toujours assoiffé de découverte, comme l'étaient notamment les Vikings qui partaient sur leurs drakkars, affronter les mers et les océans sans réelles certitudes de trouver une terre pour survivre. C'est dans cet état d'esprit « naturel » que tu dois foncer vers ton avenir. Ce qui vient à toi ne sera pas un piège, au contraire, ce sera même une incroyable opportunité d'incorporation aux nouvelles sphères des savoirs. Avec de l'investissement, ces nouveautés te permettront de grandir à la vie, de connaître et d'apprécier d'autres horizons, alors accepte et agis en ce sens.

47

OTHAGAN

ÉMOTIONS • SECRET • ÉSOTÉRISME
INVISIBLE • MAGIE

Tu dois considérer toute la part de mystère qui est en toi, afin de ne pas la laisser te submerger d'émotions aussi facilement. L'invisible est rarement ressenti sans qu'il soit important pour ton âme ; quand tes alarmes intérieures s'activent, c'est pour de bonnes raisons. Laisse venir toutes tes émotions, dévoile-toi une bonne fois pour toutes à toi-même, pour enfin le faire au reste du monde. Tu as aussi beaucoup de pouvoirs ésotériques et d'aptitudes pour la magie ; reste vigilant, cependant, à ne pratiquer QUE celle de la lumière, si tu ne veux pas sombrer par orgueil ou vanité dans le néant.

48

WAZANERA

CYCLE • CROISSANCE • MUE
MÉTAMORPHOSE • LOGIQUE

Dans la nature, la métamorphose des êtres vivants demande plusieurs étapes comme des cycles, ou des mues d'évolution nécessaires au bon déroulement de la croissance. La nature est ainsi faite pour respecter avec logique le bon sens et le bon ordre des choses. L'humain aussi doit se plier à cette règle d'évolution à son échelle à lui ; il ne peut donc pas la modifier sans provoquer de contrariétés ou de variations contre-nature. Le message ici est très clair : tu dois abandonner définitivement l'idée du contrôle des choses et des personnes, même si cela est fait dans une intention bienveillante... Souffle un peu et laisse la vie faire son « job », car elle sait depuis toujours ce qui est bon pour l'humanité, et ce qui dure dans le temps !

À PROPOS DE L'AUTEURE

SANDYTATOO.2.0
ARTISTE MÉDIUM CONNECTÉE

Passionnée par le corps, l'âme et l'esprit, l'auteure a volontairement fait la démarche de créer cet oracle en accord avec ses inspirations personnelles et artistiques. L'art et son histoire étant bien plus pour elle qu'une source « primovisuelle », elle a une fois encore fait appel à toutes ses capacités d'artiste connectée pour créer.

Médium channel, elle est reconnue pour être une spécialiste en rituel de tatouage « moderne » : vision de sa part de l'union, de la spiritualité et de l'art-thérapie comme l'étaient initialement les rituels ancestraux de tatouage – comme l'est cette œuvre. Elle a souhaité faire le rappel de la noblesse et de l'honneur, que les tatouages des guerriers Vikings et des peuples nordiques estimaient « à leurs yeux » si bénéfiques pour leur protection de la vie à la mort et de leur âme dans l'au-delà.

Sandytatoo est fondatrice de la méthode Tatootherapy©, un outil de développement personnel nouveau alliant l'art-thérapie, l'écriture inspirée, le magnétisme, le chamanisme et la sophrologie émotionnelle. Toutes les œuvres de l'artiste sont des supports précieux d'accompagnement aux personnes qui les utilisent, car elles les assurent et les rassurent sur le retour du calme de leur mental et de la paix de leur cœur.

L'Oracle des runes protectrices est né grâce à l'envie de transmettre à tous la réalité des forces influentes de l'invisible qui, depuis la nuit des temps, viennent nous rappeler notre puissance insoupçonnée, l'espoir de jours meilleurs et le courage toujours en nous, pour affronter notre vie de la façon la plus valeureuse et la plus juste qui soit pour notre âme.

www.sandytatoo.com
@sandytatoo.2.0

REMERCIEMENTS

À tous mes ancêtres, qu'ils ou elles aient des racines nordiques ou pas, car ce qui m'a été transmis jusqu'à ce jour et inspiré dans cet ouvrage, c'est la richesse inestimable de tout leur courage, de leur vaillance et de leur dignité dans toutes les guerres, les malheurs et les traumatismes de leurs vies subies. Malgré leurs épreuves les plus dures, ils en sont tous ressortis avec plus de force, d'amour et de confiance en eux. Véritables aventurier·ière·s en soif de découverte, avec toujours plus d'envie que de peur et d'amour pour la vie, et ce même quand la mort et la gravité les touchaient. Je ne peux que leur dire un énorme merci plein d'amour et de fierté, pour cet héritage inestimable qu'ils m'ont légué.

Mes chers ancêtres, puisque je sais que vous m'entendez, je tiens à vous dire que je vous aime, que je suis très honorée de faire partie de votre lignée et je vous remercie de toute mon âme de m'aider depuis toujours à me souvenir que rien n'est impossible !

Votre petite, petite... petite fillotte.

pca
cmb
édition pré-presse
livres numériques

44400 Rezé